COLLECTION W. DYE

Estampes Japonaises

LIVRES

ET

Objets d'Art du Japon

POTERIE ET CÉRAMIQUE

BRONZES, INROS, LAQUES, NETZKÉS, GARDES DE SABRE

VENTE A L'HOTEL DES COMMISSAIRES-PRISEURS

HÔTEL DROUOT (SALLE N° 8)

Le Jeudi 2 Décembre 1897

A DEUX HEURES PRÉCISES

EXPOSITION, MÊME SALLE

Le Mercredi, 1er Décembre 1897

DE 2 HEURES A 5 HEURES

Me Maurice DELESTRE,
Commissaire-Priseur
5, RUE SAINT-GEORGES, 5

M. Ernest LEROUX,
Libraire-Expert
28, RUE BONAPARTE, 28

PARIS
ERNEST LEROUX, ÉDITEUR
28, RUE BONAPARTE, 28

1897

CATALOGUES
de PEINTURES et d'ESTAMPES JAPONAISES

RÉDIGÉS PAR

M. ERNEST LEROUX

Collection Ph. Burty. Peintures et estampes japonaises, miniatures indo-persanes (1164 numéros) (1891). In-8 . . . . 5 fr.
— Le même, avec les prix manuscrits. . . . . 7 fr. 50
Collection d'un amateur. Estampes japonaises, croquis et dessins originaux (1891). In-8. . . . . 2 fr.
Collection G. Appert. Peintures, estampes et objets d'art japonais (1892). In-8. . . . . 2 fr.
Collection G. Précieuse collection d'estampes japonaises (1892). In-8 . . 2 fr.
Collection P. B. S. Peintures et estampes japonaises, objets d'art de l'Extrême-Orient (1892). In-8. 1 fr. 50
Collection Edmond Taigny. Peintures et estampes japonaises (1893). In-8. 2 fr. 50
Estampes japonaises. Peintures chinoises, manuscrits persans, arabes et turcs, à miniatures et enluminures (1893). In-8. . . . . 1 fr. 50
Collection B. Estampes japonaises. Suite historique depuis Moronobou jusqu'à Kiosaï. Série d'albums de Maîtres japonais. Gravures et peintures chinoises. Miniatures indo-persanes (1893). In-8. . . . . 2 fr. 50
Collection Mouchot. Estampes japonaises, livres et albums illustrés, kakémonos (1893). In-8. . . . . 1 fr. 50
Collection de M. X. d'Anvers. Estampes japonaises, albums, kakémonos, provenant des Expositions de Bruxelles et d'Anvers (1893). In-8 . . . . 1 fr. 50
Collection P. Barboutau. Objets d'art japonais, gardes de sabres, kodzoukas, ménoukis, netzoukés, inros, céramique, peintures, estampes, etc (1894). In-8 . . . . 2 fr. 50
Estampes japonaises. Albums, kakémonos et peintures chinoises (1894). In-8. . . . . 1 fr. 50
Estampes japonaises (1894). In-8 . . . . 1 fr.
Collection de Boissy. Livres japonais illustrés, exemplaires de choix, estampes des grands Maîtres (1894). In-8. . . . . 2 fr.
Collection du général Mirza Reza Khan. Précieux manuscrits arabes, manuscrits persans enluminés, miniatures indo-persanes, estampes japonaises (1894). In-8. . . . . 2 fr.
Collection Labat et Foucaux. Peintures et estampes, kakémonos, albums, objets d'art, poterie, bronzes, masques, statuettes bouddhiques, etc. (1894). In-8. . . . . 1 fr. 50
Collection de M. S. Peintures, estampes et kakémonos, céramique, bronzes, broderies, gardes de sabres, laques, inros, cloche, statuettes bouddhiques, etc. (1895). In-8 . . . . 2 fr.
Collection de M. B. Allen. Objets d'art, estampes, triptyques historiques de Kouniyoski (1895). In-8. . . . . 1 fr. 50
Collection A... Estampes japonaises, chefs-d'œuvre des Maîtres de l'École Oukiyo-é (1896). 2 catalogues. In-8. Chaque . . . . 1 fr. 50
Estampes japonaises et objets d'art (1896). In-8. . . . . 1 fr.
Collection Th. Duret. Estampes japonaises. Pièces de choix (1897). In-8. 1 fr. 50
La collection complète des 22 catalogues, avec prix manuscrits . . . 60 fr.

Angers, imp. orientale de A. Burdin, 4, rue Garnier.

RECUEIL

DE

VOYAGES ET DE DOCUMENTS

Pour servir à l'histoire de la Géographie depuis le XIIIe jusqu'à la fin du XVIe siècle,

publié sous la direction de MM. Ch. SCHEFER, *de l'Institut, et* H. CORDIER

I. — JEAN ET SÉBASTIEN CABOT

Leur origine et leurs voyages. Étude d'histoire critique, suivie d'une cartographie, d'une bibliographie et d'une chronologie des Voyages au Nord-Ouest de 1497 à 1550, d'après des documents inédits, par Henry Harrisse. Gr. in-8, avec un portulan reproduit en *fac-simile*. . . . . 25 fr.

Le même, sur papier vergé de Hollandn . . . . 40 fr.

II. — LE VOYAGE DE LA SAINCTE CYTÉ DE HIERUSALEM

Fait l'an mil quatre cens quatre vingtz, estant le siège du Grand-Turc à Rhodes, et régnant en France Loys unziesme de ce nom. Publié par Ch. Schefer, de l'Institut. Gr. in-8 . . . . 10 fr.

Le même, sur papier vergé de Hollande. . . . . 25 fr.

III. — LES CORTE-REAL ET LEURS VOYAGES AU NOUVEAU-MONDE

D'après des documents nouveaux ou peu connus, tirés des archives de Portuga et d'Italie, suivi du texte inédit d'un récit de la troisième expédition de Gaspard Corte-Real, et d'une carte portugaise de l'année 1502 reproduite ici pour la première fois, par Henry Harrisse. Gr. in-8 avec une photogravure et un grand portulan chromolithographié, en un étui. . . . . 40 fr.

Le même, sur papier vergé de Hollande . . . . 50 fr.

III *bis*. — GASPARD CORTE-REAL

La date exacte de sa dernière expédition au Nouveau-Monde, d'après deux nouveaux documents inédits récemment tirés des archives de la Torre do Tombo à Lisbonne, dont un écrit et signé par Gaspard Corte-Real, l'autre par son frère Miquel, reproduits ici en fac-similé par Henry Harrisse. Gr. in-8, avec 2 planches en face-similé . . . . 4 fr.

Le même, sur papier de Hollande. . . . . 6 fr.

IV. — LES NAVIGATIONS DE JEAN PARMENTIER

Publié par Ch. Schefer, de l'Institut. Gr. in-8, avec une carte fac-similé. 16 fr.

Le même, sur papier de Hollande. . . . . 25 fr.

V. — LE VOYAGE ET ITINÉRAIRE D'OUTREMER

Fait par Frère JEAN THENAULT. — Égypte, Mont Sinay, Palestine, suivi de la relation de DOMENICO TREVISAN auprès du Soudan d'Égypte. Publié et annoté par Ch. SCHEFER, de l'Institut. Gr. in-8, carte et planches . . . . 25 fr.

Le même, sur papier de Hollande . . . . 40 fr.

VI, VII. — CHRISTOPHE COLOMB

Son origine, sa vie, ses voyages, sa famille et ses descendants, d'après des documents inédits tirés des archives de Gênes, de Savone, de Séville et de Madrid, par Henry HARRISSE. 2 volumes gr. in-8, planches. . . . 125 fr.

Les mêmes, sur papier de Hollande . . . . 150 fr.

VIII. — LE VOYAGE DE MONSIEUR D'ARAMON

Ambassadeur pour le roi en Levant, escrit par noble homme Jean CHESNEAU. Publié et annoté par Ch. SCHEFER, de l'Institut. Gr. in-8, planches . 20 fr.

Le même, sur papier de Hollande. . . . . 30 fr.

IX. — LES VOYAGES DE LUDOVICO DI VARTHEMA

OU LE VIATEUR DE LA PLUS GRANDE PARTIE DE L'ORIENT

Publié et annoté par Ch. SCHEFER, de l'Institut. Gr. in-8, carte . . . 30 fr.

Le même, sur papier de Hollande. . . . . 40 fr.

X. — VOYAGES EN ASIE DU FRÈRE ODORIC DE PORDENONE

Religieux de l'ordre de Saint-François, publiés et annotés par Henri CORDIER. Un fort volume in-8, planches, dessins, fac-similé et carte . . . 60 fr.

Le même, sur papier de Hollande. . . . . 80 fr.

XI. — LE VOYAGE DE LA TERRE SAINTE

Composé par messire DENIS POSSOT et achevé par messire CHARLES-PHILIPPE, seigneur de Champermoy et Grandchamp, procureur du très puissant seigneur messire Robert de la Marck (1532). Publié par Ch. SCHEFER, de l'Institut. Gr. in-8, planches. 30 fr.

Le même, sur papier de Hollande . . . . 40 fr.

XII. — LE VOYAGE D'OUTREMER DE BERTRANDON DE LA BROQUIÈRE

Premier écuyer tranchant et conseiller de Philippe le Bon, duc de Bourgogne. Publié et annoté par Ch. SCHEFER, de l'Institut. Gr. in-8, planches. 30 fr.

Le même, sur papier de Hollande . . . . 40 fr.

XIII, XIV, XV. — LÉON L'AFRICAIN

Description de l'Afrique, tierce partie du monde. Nouvelle édition, publiée et annotée par Ch. SCHEFER, de l'Institut. 3 vol. gr. in-8, cartes. . . 75 fr.

XVI. — VOYAGE DANS LE LEVANT

De M. DU FRESNE CANAYE (1573), publié par M. HAUSER, professeur à l'Université de Clermont. Gr. in-8, avec cartes et planches . . . . 25 fr.

XVII. — NICCOLO CONTI

VOYAGEUR VÉNITIEN DU XVe SIÈCLE

Traduit pour la première fois en français, du latin de Pogge, et publié par Henri CORDIER. Gr. in-8. (*En préparation.*)

COLLECTION W. DYE

Estampes Japonaises

LIVRES

ET

Objets d'Art du Japon

POTERIE ET CÉRAMIQUE

BRONZES, INROS, LAQUES, NETZKÉS, GARDES DE SABRE

VENTE A L'HOTEL DES COMMISSAIRES-PRISEURS

HÔTEL DROUOT (Salle n° 8)

Le Jeudi 2 Décembre 1897

A DEUX HEURES PRÉCISES

EXPOSITION, MÊME SALLE

Le Mercredi, 1er Décembre 1897

DE 2 HEURES A 5 HEURES

Me Maurice DELESTRE,
Commissaire-Priseur
5, RUE SAINT-GEORGES, 5

M. Ernest LEROUX,
Libraire-Expert
28, RUE BONAPARTE, 28

PARIS
ERNEST LEROUX, ÉDITEUR
28, RUE BONAPARTE, 28

1897

CONDITIONS DE LA VENTE

La vente sera faite au comptant.

Les adjudicataires payeront cinq pour cent en sus des enchères applicables aux frais.

M. Ernest Leroux se chargera des commissions des personnes qui ne pourront assister à la vente.

Il n'y aura pas d'Exposition particulière.

ESTAMPES JAPONAISES

TORII KIYOMASSOU

1. L'acteur Itchimatsou, dans un rôle de femme. Pièce à tons rose et vert. — L'acteur Segawa Kikoujiro, dans un rôle de courtisane, coloris vert et rose. (Raccommodage.) Deux pièces.

TORII KIYOMITSOU

2. L'acteur Sakiyama Sangorô. Jeune Samouraï sous un parasol. Très belle pièce à deux tons.

TORII KIYONOBOU

3. Scène de théâtre. Komati et Otomono Kouronushi. Pièce d'un beau dessin, coloriée. Grand format oblong.

OKOUMOURA MASANOBOU

4. Une mère et ses deux filles déchiffrant de la musique. Estampe en noir, de grand format.

5. Deux jeunes femmes buvant du saké. Estampe en traits blancs sur fond noir. Grand format.

SOUZOUKI HAROUNOBOU

SÉRIE IMPORTANTE DE PIÈCES, EN BON TIRAGE

6. Clair de lune. Jeune femme rêvant sur une terrasse. — La lecture. Deux femmes, l'une assise sur un *katatsou*, l'autre accoudée à terre, lisent une longue lettre. Deux pièces.

7. Séparation. Une courtisane, accompagnée de ses deux kamouros, prend congé de son hôte. — Une femme et un komosso, dont la figure, cachée par son grand chapeau de paille, se reflète dans le miroir que tient une petite fille. Deux pièces.

8. A la terrasse d'une maison de thé, le soir. Courtisanes. — La coiffure. Une mère et sa fille devant un *tsouitate*. Deux pièces.

9. Petits garçons jouant aux soldats, sous l'œil de leur mère. — Promenade de courtisane au Yoshiwara pour la fête des cerisiers en fleurs. Deux pièces.

10. Deux femmes habillant un petit garçon. — Deux jeunes filles sur une terrasse, en face d'un beau paysage. Deux pièces.

11. Dames sur un banc, dans un jardin. — Danse sacrée. Deux pièces.

12. Scène de famille. La mère se coiffe et les enfants s'amusent. — Jeune couple sur une terrasse autour de la bouillotte à saké. Deux pièces.

13. A l'école. En l'absence du maître, trois gamins jouent la comédie de Yoraibiki.

14. Deux jeunes dames, dont l'une joue du shamisen. Au fond, un grand tsouitate sur lequel sont peintes des cigognes.

15. Trois jeunes femmes examinant un programme de théâtre.

16. L'adieu.

17. Scène de jalousie. Belle pièce.

18. L'apparition. Dans la fumée qui s'envole d'une lettre d'amour jetée au feu, une jeune femme distingue les traits de celui qu'elle aime.

19. Deux femmes sur une route grise, au bord de la rivière. — Le tir à l'arc. Un seigneur et deux dames. Deux pièces.

20. La lettre d'amour. Jeune fille lisant, à la lueur d'une lanterne, tandis que sa mère dort sous la moustiquaire. Jolie pièce.

21. Sommeil d'enfant. Une mère regardant son petit garçon endormi à terre. — Le marchand d'écrans. — Un seigneur prenant congé d'une jeune femme. Trois pièces.

22. Jeunes filles cueillant des fleurs sous un cerisier. — Musicienne jouant du tsouzoumi. Deux pièces.

23. Guésha exécutant la danse de Sambasò. — Deux jeunes mariés et un petit garçon dans un parc sous des pruniers en fleurs. Deux pièces.

24. Le retour. — Jeune femme sortant de chez elle. Deux pièces.

25. Jeune femme rentrant à la maison. Temps de neige. Pièce rare.

26. Un élégant interieur où deux jeunes filles, accoudées sur un *kotatsou* (sorte de brasero), jouent à un jeu de cordelettes.

27. La cueillette des aubergines. Pièce célèbre.

28. Jeune femme jouant avec un singe.

29. Deux femmes revenant du bain, par un temps de neige. Gracieuse composition.

30. Une dame arrangeant des arbustes couverts de neige.

31. Deux jeunes filles près d'un puits dans un jardin.

32. Deux amoureux, en capeline noire, s'abritant contre la neige sous un large parapluie, contemplent deux couples de canards mandarins, symboles de la fidélité.

33. Combat de coqs. — La rêverie. Deux pièces.

KATSOUKAWA SHOUNTSCHO

34. Courtisane en promenade, avec ses suivantes, dans la grande rue du Yoshiwara. Groupe de quatre jeunes femmes les regardant curieusement. Diptyque.

35. Trois dames élégantes dans un parc. — Une courtisane et ses quatre suivantes. Deux pièces.

KOUBO SHOUNMAN

36. Dans la rue, le soir. Un jeune homme se rendant à une réunion de thé. — Des femmes et un marchand de poisson. Deux pièces en noir. Curieuses recherches d'effets de lumière.

37. Partie fine dans un restaurant, sur le bord de la rivière. Grand format.

TORII KIYONAGA

IMPORTANTE SÉRIE D'ESTAMPES DE GRAND FORMAT EN BON TIRAGE

38. En famille, sous la moustiquaire. — Une soirée dans une maison de plaisir. Deux pièces.

39. Courtisanes en promenade. Deux pièces.

40. Plaisirs de courtisanes. Deux pièces.

41. Jeune seigneur jouant de la flûte à la porte d'un jardin. Une femme en belle robe noire et rose l'éclaire de sa lanterne. — Promenade de courtisane. Deux pièces.

42. Princesse et ses suivantes écoutant une sérénade. — Femmes dans un bateau. Au fond, un paysage verdoyant. Deux pièces.

43. Jeux d'enfants.

44. La pipette. Deux dames et un petit garçon dans la campagne. Paysage.

45. Le débarquement. Jeune femme sur le dos d'un porteur. — Deux dames et leur domestique.

46. Femme présentant un pot de fleurs à une princesse. — Trois dames en promenade.

47. Nuit de plaisir au Yoshiwara.

48. La lettre d'amour.

49. Partie de campagne, un beau jour d'été.

50. Trois femmes en promenade. L'une, par le débraillé de sa tenue et l'exubérance de ses gestes, semble s'être imprudemment livrée à de trop copieuses libations de saké. Belle pièce.

51. Trois femmes sur une terrasse, au-dessus d'un jardin couvert de neige.

52. Passage d'un ruisseau, par une jeune fille et sa suivante. Gracieuse composition.

ESTAMPES DE FORMAT CARRÉ

53. Deux dames et un marchand de coquillages, au bord de la Soumidagawa. — Courtisane et ses kamouros, précédées d'un porteur de lanterne. Deux pièces.

54. Une princesse en grand costume de cour. — Jeune seigneur jouant de la flûte près de la porte d'un jardin.

55. Visites du jour de l'an. — En partie de plaisir dans un restaurant, près de la rivière.

56. Courtisane en promenade, suivie d'un ami qui s'appuie sur les petites kamouros.

57. Dans une maison de thé. Un Samouraï faisant la cour à une jolie fille. — Promenade de courtisane. Deux pièces.

58. Sur un pont. Une dame en belle robe noire et rose, et un petit garçon. — Un Samouraï en conversation amoureuse avec une jeune femme. Une servante semble les épier. Deux pièces.

59. Scène d'intérieur à trois personnages. — Retour du bain. Deux pièces.

60. Deux dames dans un parc. Beau fond de paysage.

61. A l'entrée d'un temple. Jolie composition.

62. Un petit garçon remettant à une jeune fille le billet d'un galant. — Une princesse en partie de campagne, sous les cerisiers en fleurs. Deux pièces.

63. Nuit d'orgie dans une maison de thé au bord de la Soumida. — Courtisane et ses kamouros achetant des devises à un jeune garçon. Deux pièces.

ESTAMPES DE GRAND FORMAT

64. Partie de plaisir dans un parc. Belle suite de trois planches, avec des groupes de femmes élégantes au premier plan, et, au fond, un paysage intéressant.

65. L'exposition de chrysanthèmes. Suite de trois pièces décoratives.

66. Présentation d'une jeune fille à un Samouraï. Deux planches.

67. Lavandières. Suite de deux planches célèbres.

68. L'après-midi dans un parc. Deux planches en bon tirage.

KORIOUSAÏ

69. Cérémonie de thé chez une courtisane. Grande pièce sur fond gris.

70. Duo de flûte et de tambourin. Gracieuse composition de format carré.

71. Parodie de la scène de l'espion des Ronins. Estampe en bon tirage, format carré.

72. Scène d'amour. — Taquinerie. Deux pièces de format carré.

KATSOUKAWA SHOUNSHO

73. Acteurs de drame. Trois pièces.

74. Femmes découpant des coiffures en papier. — Deux dames, l'une se noircissant les dents, l'autre faisant chauffer le saké. Deux pièces de format carré.

75. Femmes préparant des pièces destinées à l'échafaudage de la coiffure. — Femme se peignant les lèvres au carmin. Deux pièces de format carré.

76. Jeunes femmes en promenade, surprises par un coup de vent qui soulève leurs jupes. Jolie pièce à coloris léger.

77. Femmes sur une terrasse.

78. Deux dames sur un balcon, au dessus de la rivière.

79. L'élevage des vers à soie. Trois pièces.

SHOUNKO ET SHOUNIYEI

80. Un acteur de comédie. — Parodie d'une scène des Ronins. Deux pièces.

SHARAKOU

TROIS ESTAMPES IMPORTANTES DE CE GRAND ARTISTE

81. Portrait de l'acteur Segawa Tomisabouro, dans un rôle de femme. Estampe célèbre en beau tirage, à fond micacé.

82. Autre portrait d'acteur dans un rôle de femme. Pièce rare, fond micacé.

83. Excellent portrait de jeune fille.

OUTAMARO

84. Scènes de la vie des courtisanes. Deux pièces.

85. Un petit enfant sur le dos de sa mère. — Un couple encapuchonné. Deux pièces.

86. Voyage en kago. — Déclaration d'amour. Deux pièces.

87. Lavandières au bord de la Tamagawa. — Femmes dans la campagne. Au fond, le Foudji. Deux pièces.

88. Le gué. Deux femmes et un enfant. Belle estampe de grand format.

89. En bateau. Jeune homme offrant une coupe de saké à une guésha.

90. Deux fileuses de coton s'amusant avec une poupée. Grande pièce en beau tirage.

91. La leçon d'écriture. — Jeune femme surprise au moment où elle écrivait une lettre.

92. Deux courtisanes. Portraits en buste. — Mousko sur le dos de sa sœur.

93. Le tissage. Belle pièce.

94. Au sortir de la moustiquaire. Scène à deux personnages.

95. Pêcheuses d'awabis dans l'île d'Enoshima.

96. Le rêve. Une femme endormie revoit en songe la cérémonie de son mariage. Jolie pièce de grand format.

97. Femme assise sur les marche d'un escalier, sa bouilloire de saké à la main. Derrière elle, à travers la cloison en papier, se profile l'ombre d'une autre femme tenant une coupe. Pièce rare en bon tirage.

98. Portraits de courtisane. Tirage en bleu. Deux pièces.

99. Beau portrait de courtisane.

100. Portrait de courtisane, les cheveux sur les épaules. Fond gaufré.

101. Portrait de courtisane. Fond gaufré.

102. Kintoki, l'enfant rouge, embrassant à pleines lèvres Yama Ouwa, à l'épaisse chevelure noire. Estampe célèbre.

103. Portrait de jeune femme.

104. Courtisane mouillant de sa langue un papier. Beau portrait en buste. La chevelure est admirablement traitée.

105. Une mère portant dans ses bras un bambin coiffé d'un bonnet en étoffe verte transparente.

106. Quatre portraits de courtisanes. Grand format.

107. Causerie. — Une femme se rinçant la bouche. Deux pièces.

108. Retour d'une promenade. La princesse, appuyée sur une de ses femmes, descend du lourd chariot laqué de noir. Suite de trois pièces.

109. Une partie de campagne sous les cerisiers en fleurs. Élégant triptyque.

110. Légende des Shojos, petits sauvages à cheveux rouges, grands buveurs de saké, célèbres dans les contes du Japon. Deux planches.

YEIRI (Rekisouteï)

111. Dans la chambre à coucher, le soir. — Deux portraits de femmes. Deux pièces.

YEISHI

112. Lavandières. — Une princesse et sa suivante. Deux pièces.

113. Intérieur princier. Trois personnages. — Guéshas en représentation.

114. Distractions de courtisanes. — Une princesse et trois suivantes. Deux pièces.

115. Chasse aux papillons. — Promenade au Yoshiwara. Deux pièces.

116. La pêche à la ligne.

117. Parodie par trois guéshas de la scène de l'espion des Ronins. — Quatre jeunes princesses au milieu d'un champ de chrysanthèmes. Deux pièces.

118. Une courtisane. — La fumeuse. Deux pièces sur fond jaune.

119. Triptyque. Promenade des nouvelles toilettes au Yoshiwara.

120. Dans le temple d'Asakousa, un jour de pèlerinage. Triptyque intéressant.

121. En bateau dans un parc, sous des arbres en fleurs chargés de devises. Triptyque.

122. Un concert donné par sept femmes dans un bateau rose, à la proue en forme de paon. Triptyque.

123. Neuf femmes se divertissant sur un long bateau dont la proue est un Hô, l'oiseau légendaire. Triptyque.

124. Partie de plaisir en bateau. Triptyque.

125. Guéshas et galant dans une maison de plaisir. Suite de deux pièces.

YEISHO

126. Une mère jouant avec son petit garçon. — Chasse aux vers luisants. — Au bord d'un étang. Trois pièces.

127. Portrait de courtisane, représentée en Benten, déesse de la beauté. — Partie de pêche. Deux pièces.

128. Beau portrait de courtisane, en buste. — Jeune femme sortant du bain. — Deux femmes au bord de la mer. Trois pièces.

GOGAKOU

129. Un bateau sous le pont de Suyeyoshi à Osaka. La charpente rose du pont coupe l'énorme disque de la lune qui se détache sur le bleu intense du ciel. Estampe en bon tirage.

KOUNIYOSHI

130. Fête sur la Soumida. — Coucher de soleil Deux pièces.

131. Embouchure de la Soumida. — Scène de comédie, dans la campagne. Deux pièces.

132. Bateau de plaisance. — Légende de la femme qui arrête un cheval. — Dispute de chiens. Trois pièces.

133. Le halo. Pièce célèbre en bon tirage.

134. Bateau sous un pont à Yédo. — Pêche au filet. — Réparation d'un bateau. Trois pièces.

135. Le quartier des daïmiyos à Yédo. — L'arc-en-ciel. Deux pièces.

136. Kintoki, l'enfant rouge, aux prises avec une carpe dans une cascade. Pièce curieuse en bon tirage.

HIROSHIGHÉ

137. Fleurs et oiseaux. Quatre pièces en format étroit.

138. Vues d'une rivière au Japon. Quatre gouaches.

139. Bateau à l'ancre. — Un sampan Deux pièces.

140. Le village de Kanbara sous la neige.

141. Clair de lune. La grande rue du Yoshiwara, vue en une perspective fuyante, sous un ciel bleu éclairé par la lune. Les ombres des passants sont projetées sur le sol.

142. Une guésha allant à une représentation par une nuit noire.

ÉCOLE DES OUTAGAWA

143. Femme entrant dans son bain. — Femme se livrant à ses ablutions. Deux peintures originales.

TOYOKOUNI

144. Près d'une volière. — Collation dans un parc. Deux pièces.

145. Acteurs. — Courtisanes. Cinq pièces de grand format.

YEISEN

146. Pêche de nuit. — Vue du Foudji. — Une rue la nuit. Trois pièces.

SHOUNSEN

147. Vendange sous la treille. Joli triptyque. Deux paysages.

KOUNISADA

148. Plaisirs et occupations de femmes. Dix planches.

PIÈCES ENCADRÉES SOUS VERRE

OUTAMARO

149. Outamaro. Neuf jeunes femmes accompagnant une princesse à la promenade. Admirable triptyque, en superbe tirage.

Le chariot impérial vient de faire halte. La princesse s'avance, les yeux baissés, précédée de deux jeunes filles portant des arcs, des carquois, et des coiffures de daïmiyo. Les autres femmes suivent : l'une tient un grand parasol ouvert ; une autre porte sur un coussin un riche diadème, d'autres un drapeau, des pliants, etc. Tous les costumes sont de la plus grande élégance ; les robes aux douces nuances sont richements brodées de chrysanthèmes, de feuilles de momidzi, d'armoiries, etc., et toutes ces colorations, dans lesquelles un joli rose domine, se marient harmonieusement avec le fond gris de l'estampe.

150. Portrait d'une courtisane célèbre. Très belle pièce de la série des *Grandes Têtes*.

Une de ces œuvres charmantes où l'artiste s'occupe moins de rendre l'expression d'une physionomie que de captiver par la grâce d'une figure, la sveltesse d'un corps, ou par la délicate fraîcheur du coloris. Ici, la femme est peinte en buste, la gorge cachée derrière son éventail sur lequel est peinte une marine. L'épreuve est du meilleur tirage et se détache sur un fond argenté qui fait bien valoir les jolis contours de la tête et la chevelure traitée avec un soin extrême.

LIVRES JAPONAIS

151. OUTAMARO. *Nen ju ghio ji.* Annuaire des maisons vertes. Illustré en couleur par Outamaro et imprimé à Yédo en 1804. Deux volumes de format carré, couverture bleue à gaufrures.

M. de Goncourt a donné une description détaillée des 16 planches bien connues qui figurent dans ces deux volumes, parmi lesquelles le colin-maillard, le cortège de carnaval, l'exhibition des robes blanches peintes, le départ et les adieux. (Voy. *Outamaro*, par E. de Goncourt, pages 64 à 95.)

152. TOYOKOUNI. *Yehon Imayo-Sougata.* Les mœurs d'aujourd'hui. Sorte d'annuaire des maisons vertes dans le genre de celui d'Outamaro. Deux volumes illustrés de 24 planches, à couverture bleue gaufrée.

Le premier volume est consacré aux femmes honnêtes de toutes conditions, depuis la poétesse Komati et les dames de la Cour jusqu'à des balayeuses et des lavandières. Le second nous montre les courtisanes de tout ordre, depuis les femmes des grandes maisons du Yoshiwara jusqu'aux prostituées de bas étage qui figurent dans les dernières planches. Toyokouni semble avoir voulu faire ici œuvre de moraliste autant que d'artiste.

POTERIES

ET

PIÈCES DE COLLECTION

---

153. Quatre tasses biscuit jaune rehaussé de paysages bleus en émaux fixes, intérieur et dessous glaçure grise teintée. Boccaro.

— Quatre tasses biscuit brun, médaillons de chevaux polychromes, imitant les émaux sur cuivre, zones en bleu fixe. Boccaro, avec quatre soucoupes dentelées biscuit brun, formant présentoirs.

— Trois bols campanulés gris truité, ornements et dragons bruns. Décor coréen. — Bol mi-sphérique gris et aurore. — Bol turbiné gris, décoré de courge à rehauts d'or. Kioto.

154. Bol campanulé jaune truité, décors géométriques. — Bol conique jaune finement truité, cartels de fleurs.

— Deux bols biscuit brun chrysanthèmes et brindilles en émaux fixes, polychromes. Awata-yaki, Kinkozan. — Bol élancé campanulé crème à zones de fleurs et rosaces polychromes. Kioto. Kenzan.

— Bol mi-sphérique gris, cerisier fleuri. Inouyama. Kenzan. — Coupe basse, blanc craquelé, branches de pins et cordes. — Bol truité, mons des Tokougawa en or. — Tasse blanche, chrysanthèmes stylisés noirs.

155. Bol turbiné gris, perles sacrées et branchage. — Bol campanulé gris, bambou, pin et prunier bleus sous couverte. — Bol turbiné gris, Hotei esquissé en noir. Kioto.

— Bol bas conique blanc crème craquelé. — Bol turbiné blanc craquelé. Nawashiro. Satzuma.

— Bol cylindrique finement truité, églantier en fleurs et oiseau. — Bol turbiné élevé sur talon, truité décors oiseaux et paysages rudimentaires. — Petit bol jaune truité bambous dorés. — Bol campanulé biscuit réticulé papillons fleurs polychromes. Kioto.

156. Très vieux bol campanulé craquelé, pierres sonores et ornements en bleu, style coréen. — Bol difforme, lobé irrégulier, vert sur biscuit brun. Owari.

157. Bol trilobé gris perle finement truité, mons bleus et verts, rehauts d'or. — Bol mi-sphérique gris truité : Rakan rouge à rehauts d'or à l'intérieur. Atelier de Ninseï.

— Bol surbaissé à bord vertical gris truité, étoffe polychrome en réserve. — Bol creux finement truité robe polychrome retombant du bord. Awata.

— Deux bols creux fauve truité, mons des Tokougawa et célosis. Awata.

158. Bol creux très finement truité, buisson fleuri polychrome. — Deux bols blancs, chrysanthème, pin, bambou et prunier. Cachet Kinkozan. Awata.

— Bol élevé jaune, pivoines, chèvrefeuilles polychromes rehauts d'or. Atelier de Ninseï.

159. Six raviers losanges biscuit rouge gravé, glaçure grise craquelée. Boccaro.

— Coupe coquille lobée cannelée gris noir. — Trois coupes brunes métalliques. — Deux coupes brunes églantiers en émaux fixes. Owari.

160. Coupe campanulée tortillon brun métallique sur couverte blanche. — Deux coupes basses grises, branches gravées. Owari.

— Coupe bleu fouetté dragon or, porcelaine. Chine, Kien-long. — Coupe creuse dentelée bleu foncé. Porcelaine. — Coupe cabossée régulièrement, craquelée cyprins rouges, émaux fixes. — Coupe jaune décors frustes, rouges.

161. Coupe formée de feuilles d'érables et cours d'eau polychromes.

Kenzan. — Coupe biscuit, imitant bambou tressé, carré d'étoffe polychrome.

162. Grande coupe creuse brune, silhouette de singe en noir à l'intérieur. — Coupe cinq lobes à rebords flammée vert et brun. — Coupe creuse jaune branche de prunier bleue sur tache blanche.

163. Trois coupes lobées côtelées biscuit rouge, oiseau, pruniers en émaux fixes. Boccaro.

164. Coupe cinq lobes blanc verdâtre craquelé, iris bleus et verts en relief. Banko. Isé.

165. Soucoupe dentelée à rebord brun, paon sur rocher, marly quadrillé, bleu rehaussé d'émaux verts. — Soucoupe paysage bleu rehaussé de rouge. Porcelaine.

— Trois soucoupes plates famille verte dentelées, personnages et oiseaux. Porcelaine. — Deux soucoupes creuses fleurs et ornements polychromes. Porcelaine.

— Six soucoupes creuses médaillons et centre fleurs et attributs. Porcelaine.

166. Deux théières biscuit gris et brun paysage gravé et fleurettes polychromes. — Une théière brune octogone petits mons en relief, anse bambou. (Une a le cachet de Banko.)

— Une théière non couverte quadrilatérale brune mordorée. Owari. — Une théière difforme racine avec tige brune tachetée. Soma.

— Deux petits socles ajourés céladon vert gravé. Awadji. — Panier lobé brun, coulées blanches. Owari.

167. Bonbonnière circulaire, oiseau turquoise sur fond violet d'or, marly jaune. Kishiou.

168. Une gourde à saké biscuit rouge, disque à chimères en relief. Imbé. Bizen. — Une gourde à saké, panse contractée grise, coulée brune à l'orifice. Owari.

169. Flacon cylindrique fauve craquelé brun, branches fleuries en émaux polychromes et or. Awata.

— Bouteille à gorge et bourrelet, brune, larges coulées vertes. Séto.

170. Grosse bouteille fond plat, jaune, coulée verte. Owari. —

Gourde à anse, coulée brune sur panse à reflets métalliques. Owari.

171. Tube cylindrique brun coulée jaunâtre. — Flacon à saké biscuit brun, demi-lune angle rentrant, chimères relief. Imbé.
— Jardinière circulaire balustre à mascarons. Jaune. Awari.
— Tube cylindrique, biscuit caillouteux.

172. Boîte ovoïde couverte, jaune, décors noirs genre coréen. — Cloche brune, deux tons, zones ornements relief.
— Personnage chair biscuit, draperie céladon.

173. Oiseau biscuit sur rocher.

174. Brûle-parfums formé d'un sennin à cheval sur carpe. Imbé.

175. Pierre à encre de Chine : Hotei s'appuyant sur son sac.

176. Flacon jaune glaçure craquelée : personnages en émaux polychromes. — Petite jardinière carrée grecques et quadrillé polychrome.

177. Cinq soucoupes à bec bleuâtres, étoile au centre. — Six soucoupes brunes, traces tournassées blanches.
— Cinq soucoupes creuses, caractère *jiou* à l'intérieur, marly blanc, nuages noirs Kenzan.

178. Trois raviers feuilles de vigne aubergine. Yérakou.
— Trois raviers chrysanthèmes aubergine. Yérakou.
— Quatre raviers feuilles vertes. Yérakou.

179. Un panier blanc craquelé coulées foncées. Séto.
— Une coupe à bec couverte jaune, coulées bleues. Vieux Séto.

180. Trois petites jardinières et tube formant service à condiments, tons bruns. Séto. — Grosse cloche grise formant boîte cloutée.

181. Petite bouteille gourde, brun métallique, coulée jaune. — Carcasse de veilleuse pointue, brun coulée blanche. — Vase balustre jaune pointillé brun à quatre pieds.

182. Bouteille fond plat formant mollette jaune, coulées brûlées, poisson gravé. — Bouteille formant pilon brun métallique. — Tshaïré ovoïde jaune, fleurs et zones en relief.

183. Bouteille balustre blanche finement truitée. Haghi. — Bou-

teille à bec bruni, coulée claire, personnage relief. — Bouteille à bec, vert feuille-morte.

— Bouteille brune fond plat formant mollette. — Bouteille brune anguleuse à l'épaulement, fond plat. — Tube resserré à la panse brun, coulée foncée. Owari.

184. Cône tronqué brun métallique — Petit flacon brun mordoré à trois renfoncements. Owari.

185. Tsuitate brun craquelé foncé : coq et prunier en relief. — Gourde balustre à bourrelet à l'orifice, bleu noir fouetté. — Bouteille blanche brindilles s'enroulant en spirales. Porcelaine.

186. Cinq assiettes craquelées, serties cuivre, oiseaux de Hô bleus, au bord.

187. Plat jaune glycines argent. — Plat blanc pivoines et branche de prunier en émaux en relief.

188. Cinq soucoupes fauves finement truitées, fleurs de cerisiers.

189. Deux plats blancs pivoines cernées bleu sur fond rouge.

— Théière biscuit noir, émaux en relief, démons et quadrillés genre Kinkozan.

190. Fût de colonne, porte-bouquet ajouré, vert, fleurettes rouges. Kioto.

191. Petit plat gris, centre et marly gravé genre Mishima. — Plat blanc craquelé centre et marly modelés, branches fleuries polychromes et théière noire largement esquissée. — Vieux plat jaune, oiseau de Hô bleu. — Plat blanc, prunier fleuri bleu. Porcelaine.

192. Plat grand chrysanthème blanc modelé en creux sur fond feuilles vertes en relief. Dohatchi. — Plat jaune et violet, oiseau de Hô et marly en relief. Kishiou.

193. Brûle-parfums jaune balustre, pivoines en relief et oreilles, couvercle chimère.

194. Mizusashi coulées blanches en lambrequins sur biscuit gris, anses branches d'arbre. Séto.

195. Tube conique tronqué, larges coulées brunes et blanches. Séto. — Coupe-coquille blanche et jaune, crabes et mollusques bleus en relief, perle mobile dans huître ouverte. Porcelaine de Hizen.

196. Potiche brune, dragons et perle sacrée jaunes en relief.

197. Gros bol couvert gris couvert de décors en émaux, verts et bleus, rehaussés d'or, médaillons divers et zones. Awata.

198. Grosse potiche rouge à larges taches, coulées polychromes. Owari.

199. *Un lot de* 200 *gardes* (sera divisé).

---

200. Paravent à six feuilles. peinture sur fond or, représentant une partie de plaisir en automne sous des érables (peinture attribuée au célèbre peintre Matahei).

201. Kakémono. Rêve de jeune fille, par Yeishi.

202. Kakémono. Singe sur un arbre, par Sosen.

203. Kakémono. Une courtisane en promenade, par Outamaro.

204. Album de sourimonos par divers artistes.

205. Jolie petite étagère en laque. Décor : paysage, fond noir, dessin laque d'or (pièce très ancienne).

206. Grand vase à fleurs en bronze très ancien.

207. Grand tableau en fer martelé incrusté de plusieurs métaux, représentant une corbeille remplie de fruits. Encadrement en bois de Shitan.

208. Inrô en laque frottée, fond or. Décor : un bœuf en laque noire.

209. Inrô, fond noir, dessin en laque or et nacre. Décor : feuillages.

210. Inrô : un lion accroupi.

211. Petite boîte à deux compartiments. Décor : feuillages et un croissant en argent.

212 Boîte en laque : les côtés en toile laquée.

213 Boîte en laque noire avec une libellule en nacre, forme plate et ronde.

214. Pot à thé en laque aventurine, couvercle en ivoire (pièce très ancienne).

215. Boîte à trois compartiments, laque aventurine.

216. Petite boîte à parfums laque or, paysage.

217. Petite boîte à parfums laque or, paysage.

218. Petite boîte à parfums, forme paravent.

219. Petite boîte à parfums laque noire, forme plate.

220. Lot de ménuki en shakudo incrusté d'or.

221. Lot de quinze netsukés, en bois et en ivoire.

222. Lot de vingt-cinq gardes de sabre en fer, shakudo, etc.

223. Vase en bronze à col étroit, patine verte.

224. Cache-pot, forme droite. Les côtes représentent les échantillons de tous les genres de fourreaux de sabre que l'on faisait en laque.

225. Reliquaire en cuivre ciselé.

226. Trois pièces en porcelaine :
— Une bouteille en porcelaine coréenne.
— Un futamono en forme de cage d'oiseau, porcelaine d'Imari.
— Un bol à couvercle de Nabéshima.

227. Trois pièces :
— Une bouteille en Satsuma noir.
— Une bouteille en porcelaine d'Oribé.
— Un vase, forme haute et à six pans, décor à personnages sur fond rouge, par Mokubei.

228. Trois pièces :
— Une potiche en Satsuma blanc.
— Une bouteille en porcelaine de Séto, nommée Shibugusari.

229. Quatre pièces :

— Un bol, porcelaine coréenne.
— Trois bols d'Imari, Takatori et Yeiraku.

230. Cinq pièces de Takamatsu, Satsuma, Shigaraki et Hagui.

231. Un petit bol et de deux grands bols Satsuma, Mokubei et Chine jaune.

232. Trois pièces :
— Un brûle-parfums forme coq. Ninsei.
— Une bouteille carrée. Ninsei.
— Une bouteille. Séto.

233. Cinq pièces :
— Un vase de forme ovoïde en porcelaine de Satsuma.
— Un pot à couvercle en porcelaine de Kishiu violet.
— Une bouteille en grès gravé de Séto.
— Un cache-pot en porcelaine de Chine bleu et blanc.

234. Trois pièces :

235. Trois pièces :
— Une cantine à trois compartiments, faïence de Kinkôzan.
— Une bouteille en porcelaine d'Oribé.
— Une grande bouteille de Takatori.

236. Quatre pièces :
— Un pot à couvercle, porcelaine de Ninsei.
— Un pot en grès de Corée.
— Une bouteille en porcelaine de Karatsu.
— Une bouteille en porcelaine de Takatori.

237. Quatre pièces:
— Une petite théière en Satsuma très fin.
— Un vase à couvercle en Satsuma (pièce rare).
— Un vase en porcelaine coréenne.
— Un pot en porcelaine de Takatori.

238. Quatre pièces :
— Une bouteille en porcelaine de Kutani, par Gôtô-Saijirô (pièce très rare).
— Deux bouteilles en porcelaine de Shigaraki.
— Une bouteille en porcelaine de Hagui.

239. Cinq pièces :

— Un bol octogonal en faïence, décor imitant la laque de Pékin.
— Une bouteille forme carrée en céladon.
— Deux bouteilles en porcelaine de Takatori.
— Une bouteille en porcelaine de Karatsu.

240. — Quatre pièces :
— Une bouteille en porcelaine du Kutani (pièce très rare).
— Une bouteille noire en porcelaine coréenne.
— Un pot en porcelaine de Shigaraki.

241. Six pièces :
— Un petit cache-pot en Imari polychrome.
— Un pot en grès d'Oribé.
— Trois bouteilles de Karatsu.
— Une bouteille en porcelaine de Banko. Décor : carpe en relief.

242. Six pièces :
— Une jolie petite théière en Satsuma très fin.
— Trois bouteilles en porcelaine de Takatori.
— Une cantine à trois compartiments, porcelaine de Ninsei.
— Un pot à couvercle, porcelaine de Satsuma.
— Une bouteille en Satsuma noir (pièce rare).
— Une bouteille forme plate, porcelaine de Karatsu.
— Une petite bouteille en porcelaine de Hagui.

243. Six pièces :
— Un plat creux en porcelaine de Kutani.
— Un bol à couvercle. Kutani.
— Quatre bouteilles en porcelaine de Tosa, Karatsu, Satsuma noir et Chine noire.

244. Cinq pièces :
— Un plat creux en porcelaine d'Imari, décor à entrelacs bleu.
— Trois bouteilles : Takatori, Karatsu et Shigaraki.
— Une théière en porcelaine de Hagui.

245. Quatre pièces :
— Une statuette de femme assise en porcelaine de Satsuma violet.
— Trois bouteilles de Takatori.
— Une petite théière en Satsuma blanc.

246. Quatre bols : Satsuma, Séto jaune, Yatsushiro, Shigaraki.

247. Quatre bols : Raku noir, Satsuma, Karatsu.

248. Quatre bols : Karatsu, Séto, Satsuma, Yégaratsu.

249. Trois bols : Satsuma, Séto, Satsuma flambé.

250. Quatre bols : Yeiraku, Ten-moku, Satsuma flambé et Takatori.

Angers, imp. de A. Burdin, rue Garnier.

www.ingramcontent.com/pod-product-compliance
Ingram Content Group UK Ltd.
Pitfield, Milton Keynes, MK11 3LW, UK
UKHW032028260826
14628UKWH00006B/2806

9 782329 491677